CRÍAS DE ANIMALES
AMÉRICA

Rúa de Pastor Díaz, n.º 1, 4.º B · 36001 Pontevedra

Tel.: 986 860 276

editora@kalandraka.com

www.kalandraka.com

Faktoría K de libros es un sello editorial de Kalandraka

Impreso en Gráficas Anduriña, Poio

Primera edición: junio, 2022

ISBN: 978-84-19213-08-2

DL: PO 285-2022

TÁNDEM SECEDA   ESTER GARCÍA

CRÍAS DE ANIMALES
AMÉRICA

¿Quién soy?

FAKTORÍA K DE LIBROS

Tengo las orejas redondas, la cola a rayas

y parece que llevo un antifaz.

Que no te engañe mi cara de bueno porque soy un animal salvaje

y puedo hacerte daño si me intentas atrapar.

¿Quién soy?

Soy el mapache.

Por la noche, salimos de la madriguera a buscar alimentos.

Nos encantan las frutas, los insectos y las ranas.

A veces entramos en las casas y nos llevamos comida.

¡Somos tan hábiles

que hasta podemos abrir los botes de mermelada!

¿Sabes qué hacemos con las ranas?

[Las lavamos, les quitamos el veneno de la piel y después nos las comemos]

Vivo en un agujero en lo alto de un árbol.

Me gusta chillar y parlotear

con mi familia y con otros animales.

Hacemos tanto ruido que se nos oye por toda la selva.

Soy el tucán.

Saltamos de rama en rama haciendo acrobacias.

Tenemos el pico tan grande como el resto del cuerpo,

pero pesa tan poco como la cáscara de una nuez.

Lo usamos para abrir las frutas y para luchar.

¿Sabes cómo se hicieron pareja mis padres?

[Cantando, dándose golpecitos con el pico y lanzándose frutas el uno al otro]

Llevo armadura como un guerrero,

pero no me gusta pelear.

Cuando se acerca un depredador, me escapo corriendo

o me enrosco como una bola para protegerme.

¿Quién soy?

Soy el armadillo de nueve bandas.

Casi siempre nacemos cuatro hermanos idénticos:

cuatro machos o cuatro hembras.

Solo podemos masticar alimentos blandos,

por eso comemos fruta, hormigas y lombrices.

Podemos cruzar los ríos flotando, ¿sabes cómo lo hacemos?

[Inflamos la barriga y así flotamos como una balsa]

Cuando mi madre sale a cazar,

me quedo solo con mi hermano y pasamos mucho miedo.

Entonces, nos escondemos entre las plantas

y no hacemos ruido para que nadie nos descubra.

¿Quién soy?

Soy el jaguar.

Vivimos en la selva cerca de un río.

Capturamos peces y cazamos todo tipo de animales

que se acercan a beber.

Mis padres no tienen miedo a nada, ni a los caimanes.

¿Sabes cómo marcamos nuestro territorio?

[Rugimos, arañamos los árboles y dejamos marcas de orina y de caca]

Nunca tengo prisa y parece que me muevo a cámara lenta.

Me gusta estar colgado cabeza abajo.

Cuando me canso, me tumbo sobre mi mamá,

que es la mejor hamaca de la selva.

¿Quién soy?

Soy el perezoso.

¡Mira qué uñas tan largas tiene mi madre!

Son para trepar por los árboles,

colgarse de las ramas y defendernos.

Los perezosos tenemos el pelo largo y tan espeso

que dentro viven polillas y otros insectos.

¿Sabes cuándo bajamos de nuestro árbol?

[Solo bajamos una vez a la semana para hacer caca]

Tengo las patas y el cuello muy largos.

Parezco un camello sin joroba.

Vivo en la alta montaña,

pero no paso frío porque mi pelo es un buen abrigo.

¿Quién soy?

Soy la vicuña.

Estamos siempre alerta por si nos ataca algún puma.

Al pisar, no dañamos la vegetación

porque tenemos almohadillas en las patas.

Al comer, mordisqueamos las plantas sin arrancarlas.

Así nunca nos falta alimento.

¿Sabes qué hacemos cuando nos molestan?

[Escupimos a la cara. Si intentan atraparnos, nos tiramos al suelo y damos coces]

Soy un roedor muy listo y espabilado.

Me gustan mucho los besos y los mimos.

Vivo con mi familia

en una madriguera bajo tierra.

¿Quién soy?

Soy el perrito de las praderas.

Nuestra madriguera está llena de galerías.

Tiene despensa, letrina, dormitorios

y salida de emergencia.

Allí nos escondemos de las serpientes,

de los coyotes y de los halcones.

¿Sabes quién nos avisa si hay peligro?

[Los perritos centinela, que imitan el sonido de los depredadores]

Los siete animales que has descubierto en este libro viven en América.

Allí podemos encontrar el tucán, que se oye por toda la selva,
la vicuña, que recorre la alta montaña,
o el perezoso, que se cuelga de las ramas de los árboles.

Muchos de los animales de América están amenazados
por la contaminación, el fuego o la tala de los bosques.
Todos debemos colaborar
para evitar la destrucción de los espacios naturales donde habitan.